AF150904

CON GRIN SU CONOCIMIENTOS
VALEN MAS

- Publicamos su trabajo académico,
  tesis y tesina

- Su propio eBook y libro - en todos
  los comercios importantes del mundo

- Cada venta le sale rentable

Ahora suba en www.GRIN.com
y publique gratis

Bibliographic information published by the German National Library:

The German National Library lists this publication in the National Bibliography; detailed bibliographic data are available on the Internet at http://dnb.dnb.de .

Imprint:

Copyright © 2014 GRIN Verlag, Open Publishing GmbH
Print and binding: Books on Demand GmbH, Norderstedt Germany
ISBN: 978-3-668-04069-4

This book at GRIN:

http://www.grin.com/es/e-book/306066/la-era-de-la-informacion-vol-2-de-castells-una-resena-literaria

Ina Mariño Muñoz

"La era de la información" Vol. 2, de Castells. Una reseña literaria

GRIN Publishing

GRIN - Your knowledge has value

Since its foundation in 1998, GRIN has specialized in publishing academic texts by students, college teachers and other academics as e-book and printed book. The website www.grin.com is an ideal platform for presenting term papers, final papers, scientific essays, dissertations and specialist books.

Visit us on the internet:

http://www.grin.com/

http://www.facebook.com/grincom

http://www.twitter.com/grin_com

LA ERA DE LA INFORMACIÓN VOL. 2: ECONOMÍA, SOCIEDAD Y CULTURA, EL PODER DE LA IDENTIDAD

Ina Pauleva Mariño Muñoz

Conversar acerca de la sociedad, sin duda alguna es un tema determinante, puesto que, parte ciertas aristas presentes dentro de ese contexto, claro está, derogar más allá del simple concepto que un individuo común puede inferir al referirse a la misma, sociedad es un territorio con habitantes, pero es centrar que es aún más profundo, dado que, dichos individuos interactúan entre sí, comparten una cultura, relaciones sociales, económicas, políticas y educativos que instan a mantenerse informados, sin embargo, el tema no es conceptualizar la sociedad, sino alcanzar una construcción de una perspectiva propia de la sociedad de la información, partiendo de que el desarrollo del conocimiento es una tarea clave e indispensable para el reconocimiento de la diversidad y a su vez para el fortalecimiento del tejido social.

Partiendo de esta consideración, profundizar en la era de la información hace un llamado sigiloso a estudiar la revolución tecnológica y su utilización dentro del contexto social, esto conlleva a reflexionar acerca de un cúmulo profundo de conocimientos claves para la internalización de la información, tomando en cuenta la interesante puesta en escena social de la innovación como una vivencia de intensa y enigmática transformación, es decir, un paso más allá de la Era Industrial que tuvo acontecimientos claves como la Revolución Científica, Revolución Francesa y por supuesto la Revolución Industrial que forman parte inminente de la transformación que generó un cambio social de forma determinante.

Desde esta perspectiva, la innovación es realmente relevante cuando emergen procesos de interacción social como los antes mencionados, un ejemplo garante de ello es mencionar que la Revolución científica fue significativa para el proceso de construcción de la modernidad, pues le abre paso a la razón matemática, con base claro está, en la racionalidad del proceso productivo que caracteriza al mundo moderno, por su parte, la Revolución Francesa muestra la expresión política de necesidades para el cambio necesario de la organización de un nuevo Estado, pues a su vez apoya el aspecto económico ya desde un análisis desde el punto de vista social, en esta fase vislumbrando que surge la doctrina del liberalismo radicada en las ideas de Adam Smith, se puede decir que, se enfilaba la revolución industrial.

De acuerdo con esto, es meramente oportuno reflexionar de manera introductoria ese siglo XVIII, cuando James Watt crea el telar mecánico y la maquina de vapor, glorioso 1763 utilizados en la industria textil, esto repercutió con una serie de vivencias a nivel social, económico, cultural y por supuesto tecnológico, en fin un fenómeno de desarrollo industrial y tecnológico, ahora bien, esto relacionado íntimamente con la sociedad de la información por la intensificación que producen las relaciones sociales en el mundo, la determinación de adquirir conocimientos y fortalecer previos, esto centrados en el individuo desde una perspectiva social, personal, educativa y cultural.

Por tal motivo, el presente informe guarda una intencionalidad académica y pedagógica, puesto que, desde el punto de vista teórico y analítico el autor evidencia en el desarrollo con la finalidad imperante de cumplir con uno de los requisitos del Programa Teoría y Praxis de la Gerencia: su filosofía y métodos, demostrar en la redacción el conocimiento adquirido mediante un cúmulo de información al realizar la lectura del material, tomando en consideración , por consiguiente, se presenta a continuación el análisis crítico de la Obra La Era de la Información Vol. 2: Economía, Sociedad y Cultura. El Poder de la Identidad, enfatizando que, para la estructuración del informe se tomo en consideración parámetros expresados en el texto Hochman y Montero, en cuanto a realización del resumen, análisis crítico, resumen analítico, lectura crítica y el proceso de Fichaje .

Entonces, plantear el cambio genera interrogantes profundas, en torno a la importancia de los mismos, ahora bien, desde una perspectiva teórica la Obra de Castells hace referencia directa a estos dentro de la era de la información representando una postura clara y enfática en cuanto a la envergadura que mantiene dinámica social al pasar de los años, dado que, es indispensable la información en la humanidad, teniendo en cuenta el propósito de obtener un alto nivel de conocimiento a través de crear, desarrollar, transferir y adaptarlos para que respondan debidamente la exigencia de la sociedad moderna.

Ahora bien, el conocimiento es algo más que información, esta interpretación por el cúmulo de posturas presentes en el texto instan a enfatizar que el conocimiento es un reto mayúsculo, y desde un aspecto sociológico insiste en partir de la globalización, como ese proceso de intensificación de las relaciones sociales incorporando a todo el mundo, pero es posible globalizar el conocimiento, de acuerdo con esto Castells (1997) refiere que:

La revolución de las tecnologías de la información y la reestructuración del capitalismo han inducido una nueva forma de sociedad, la sociedad red, que se caracteriza por la globalización de las actividades económicas decisivas desde el punto de vista estratégico, por su forma de organización en redes, por la flexibilidad e inestabilidad del trabajo y su individualización, por una cultura de la virtualidad real construida mediante un sistema de medios de comunicación omnipresentes, interconectados y diversificados, y por la transformación de los cimientos materiales de la vida, el espacio y el tiempo, mediante la constitución de un espacio de flujos y del tiempo atemporal, como expresiones de las actividades dominantes y de las élites gobernantes. (p.23)

Partiendo de esta premisa, en el hoy la transformación se hace evidente, esto referido a la revolución de las comunicaciones como un factor importante dentro del fenómeno de la globalización, que destaca la aparición de las nuevas tecnologías de la información y comunicación que penetra dentro del sistema y cambia el esquema planteado, estas de manera general plasman una nueva perspectiva y de manera especial el Internet que refleja la mediatez de la comunicación.

Entonces, la era de la información desde el ámbito social parte de enfrentar un mundo en el cual los sistemas productivos están en constantes cambios, donde solo se modifican la forma de percibir el tiempo y las distancias y que abren nuevas perspectivas para aumentar la capacidad de pensar y crear, de manera que la sociedad obtenga cambios significativos en su modo de vida, y se incentiven a la búsqueda del conocimiento.

Por tales motivos, el acceso al conocimiento en las últimas décadas ha sido un tema objeto a discusión, puesto que, es de comprender que en un mundo donde existe desarrollo no existen problemas ni soluciones meramente universales, de acuerdo con esto, donde están seres humanos los problemas en cuestión de desarrollo son cambiantes, por tales motivos, deben interpretarse contextualmente con un grado de correspondencia con el entorno, condicionado quizás por la formación en procesos de interacción social.

Desde esta perspectiva, Castells (1997) refiere que: Junto con la revolución tecnológica, la transformación del capitalismo y la desaparición del estatismo, en el último cuarto de siglo hemos experimentado una marejada de vigorosas expresiones de identidad colectiva que desafían la globalización y el cosmopolitismo en nombre de la singularidad cultural y del control de la gente sobre sus vidas y entornos. Estas expresiones son múltiples, están muy diversificadas y siguen los contornos de cada cultura y de las fuentes históricas de la formación de cada identidad.(p.14)

Ahora bien, interesante plantear ese proceso de formación de cada identidad y el poder de la misma, donde como enfoque contextual implica ese proceso de vivencia, para aprender, donde aprender es cambiar y cambiar es vivir , entonces es un ciclo que esta atento a la interacción con el contexto, se permite asumir la postura central del mundo desde la perspectiva del autor "pienso y luego existo" gran filosofo Descartes y este realiza la cita dentro del texto, pero si "existo y luego pienso" esto pues, porque para pensar se debe vivir antes y para seguir en el transcurso de la vida se debe seguir viviendo y aprendiendo, esto bajo la premisa de sostenibilidad y aprendizaje.

Por consiguiente, el acceso a la información no asegura firmemente la comprensión , planteado esto, porque todo parte de interpretar el contexto cambiante, donde es tarea del individuo involucrarse a todas las actividades relacionadas con cada uno de los medios de la nueva generación, es decir, la tecnología y la información, entonces, la interpretación de la formación es imprescindible.

De esta manera, la identidad es parte del ser, fuente de sentido y experiencia de la gente, de acuerdo con esto Castells (1997) señala: No conocemos gente

4

sin nombre, ni lenguas o culturas en las que no se establezcan de alguna manera distinciones entre yo y el otro, nosotros y ellos. [...] El conocimiento de uno mismo —siempre una construcción pese a que se considere un descubrimiento— nunca es completamente separable de las exigencias de ser conocido por los otros de modos específicos.(p.28)

Partiendo de esta premisa, la identidad es un elemento para que el individuo se inspire en aportar iniciativas de transformación con el objeto de profundizar, ampliar y difundir los procesos de desarrollo y así fortalecer la participación y generar un vinculo creciente de cooperación social, lo anterior, centrado totalmente en lo evidenciado en el texto, de manera analítica se puede inferir que, cada día se presentan nuevos retos a nivel tecnológico, por tal motivo, en la actualidad se evidencian países, desarrollados y otros subdesarrollados, donde el cambio esta a cargo del individuo que logre adquirir competencias transformadoras, en fin, la tecnología hoy día es el medio que impulsa la globalización, brindando nuevas propuestas en pro del desarrollo de la economía y por ende de la sociedad.

De esta manera, resulta interesante plasmar en esta líneas, la temática del texto, la Era de la Información: economía, sociedad y cultura, el poder de la identidad, puesto que, en principio solo eran suposiciones que encontraba para la compresión de la misma, sin embargo a lo largo del texto se desprende un bagaje de información que conlleva a la comprensión, ahora bien la dimensión económica surge sin duda alguna, como una de las vertebrales y mas difíciles de dirigir, puesto que se plantea la generación de la riqueza y su distribución en los diversos territorios y países, claro, con políticas que incrementen la inversión pero adopta un sentido a su vez de autosuficiencia económico financiera donde los indicadores importantes referidos son la descentralización democrática del Estado, desde esta consideración, Castells (1997) expresa que:" la globalización de la producción y la inversión también amenaza al estado de bienestar, un elemento clave de las políticas del estado-nación en el medio siglo pasado, y probablemente el componente básico de su legitimidad en los estados industrializados". (p.281)

5

De modo que, juega un papel importante la facultad de coordinar dentro de la actuación de las instituciones del Estado – Nación la gestión directa o participación como las fuentes fundamentales en los procesos que facilitan la obtención de los conocimientos, que como plantea el texto es el capital que podría permitir un generoso estado de bienestar. Ahora bien, la era de la información plantea algo más allá que el gran interés de utilizar software para darle utilidad a los procesadores de textos, base de datos y entre otras herramientas, sino más bien apreciar el resto de los contextos presentes dentro del universalismo tecnológico que permite la interacción entre los usuarios, incluye la sociedad en su totalidad, llegando ser útil e impredecible en los ámbitos, sociales y laborales para darle solución a las problemáticas presentes en la misma.

Tema, Tesis y Propuesta del Autor

Partiendo de una perspectiva sistémica, el autor hace referencia directa a la globalización como un tema de gran envergadura por las múltiples dialécticas que genera, desde el sistema de relaciones sociales hasta la modernidad productiva e innovación asociada a la competitividad. Entonces, se enfatiza la importancia de la integración en torno a la utilización de redes, planteando el saber como y el saber qué , que insta a pensar un saber donde para crear la comprensión idónea del conocimiento requerido, permite a su vez repensar que hace referencia directa a la teoría del conectivismo, porque la intención principal del texto es que el individuo logre desarrollar, crear y pensar de forma libre para que pueda interactuar con la sociedad y su entorno de forma positiva, sin importarle los cambios que esta han tenido al pasar el tiempo porque día a día incorporan ordenadores que facilitan el acceso del que desee interactuar a través de estos medios .

Por esta razón, la lectura crítica de la Obra La Era de La información Vol. 2 : Economía, sociedad y Cultura. El Poder de la Identidad,(1997) de Castells, hace referencia directa nuevas formas de organización social, en su globalidad penetrante, se difunde por todo el mundo, del mismo modo que el capitalismo industrial y su enemigo gemelo, el estatismo industrial, lo hicieron en el siglo xx, sacudiendo las instituciones, transformando las culturas, creando riqueza e induciendo pobreza, espoleando la codicia, la innovación y la esperanza, mientras que a la vez impone privaciones e instila desesperación. Feliz o no, es, en efecto, un nuevo mundo.

De modo que, las nuevas tecnologías de comunicación son fundamentales para la existencia de estos movimientos: son su infraestructura organizativa. Sin Internet, el fax y los medios de comunicación alternativos, los patriotas no serían una red influyente, sino una serie de reacciones desconectadas e impotentes. Visto de esta forma ,en el texto el autor engloba una serie de estudios y aspectos en el ámbito político, económico, social, educativo y cultural , donde en el desafío de la globalización muestra que los movimientos sociales son muy diferentes, y no obstante, bajo formas distintas que reflejan raíces sociales y culturales diversas, donde todos ellos desafían los procesos actuales de globalización en nombre de sus identidades construidas, afirmando representar los intereses de su país o incluso de la humanidad.

Posición ó compromiso y Justificación del Autor

En cuanto a La Era de Información, el autor del texto expresa que el individuo debe adquirir destrezas para que se actualice y le de uso al conjunto de herramientas que ofrece la tecnología, logrando afianzar y desarrollar sus conocimientos para poder aplicar nuevas estrategias, estando consiente en el uso adecuado de los ordenadores, siendo esto el medio que va a utilizar para facilitar nueva información y determinar conocimientos en una determinada sociedad.

Ahora bien, a su vez se justifica planteando el conocimiento desde el proceso de acumulación de información con interpretación personal , relacionado con la actividad economica, cultural, educativa, social, de salud, recreativa entre otras, entonces, la sociedad del conocimiento permite organizar la información y orientar la tecnología, que le otorga un sentido al actual mundo tecnificado y lleno de información, donde la reflexion acerca del conocimiento le da un sentido de caracter social a lo expuesto.

De manera que, expone el autor que las tecnologias de la informacion y comunicación en los últimos años tienen la capacidad de expandir informacion a gran escala, generando una gran gama de conocimiento y competitividad en las sociedades , de alli la importancia de comprender la era de la informacion desde el poder de la identidad, que insta al individuo a la actualización constante puesto que la tecnologia, engloba aspectos indispensables como el económico y social.

Organización del texto y Desarrollo de la Argumentación

El texto contiene (06) capítulos organizados por títulos y subtítulos, en este libro existe una obsesión deliberada con el multiculturalismo,con la exploración del planeta, en sus manifestaciones sociales y políticas diversas. Tomando en cuenta lo expresado por el autor, el proceso de globalización tecnoeconómica que está moldeando el mundo está siendo desafiado, y acabará siendo transformado, desde una gran diversidad de fuentes, según culturas, historias y geografías diferentes. Así pues, el recorrido temático entre Estados Unidos, Europa Occidental, Rusia, México, Bolivia, el mundo islámico, China o Japón que plantea en el volumen tiene la finalidad específica de utilizar la misma estructura analítica para comprender procesos sociales muy diferentes que, cuando menos, se interrelacionan en su significado.

Asimismo, dentro de los límites obvios de su conocimiento y experiencia, acaba con el planteamiento etnocéntrico que aún domina gran parte de las ciencias sociales en el momento preciso en que las sociedades han quedado interconectadas globalmente y entrelazadas culturalmente. De manera que, el autor hace referencia constante a la importancia de la integración en torno a la utilización de los medios tecnológicos estando en el alcance de todo el que desee, pero la intencionalidad va más allá de actualización, es importante la difusión y masificacion de la información como una operación netamente intelectual que hagan al hombre capaz de construir socialmente un sentido considerado de la realidad.

Razones utilizadas por el Autor para sustentar la tesis

Infiere que, el conocimiento puede ser visto como producto social, dado que, permite la participación, construcción, desarrollo y transmisión del mismo, para garantizar la expansión del cúmulo de información enmarcado en normas, principios, valores y significados que establece la vida en sociedad.

Implicaciones del Tema, uso del Lenguaje y Conclusión Principal del Autor

En la obra seleccionada el autor en su edición hace referencia a la sociedad del conocimiento como pacidad humana y cualidad que mejora la vida social, de allí, la importancia de brindar la formación permanente para que el individuo tome el control de los computadores, siendo las primordiales fuentes de producciones del conocimiento. De a cuerdo a los cambios de exploración y formación, el autor enuncia la adecuación constante motivando al individuo a formarse para enfrentar las nuevas tecnologías.

Sobre el Proceso de Lectura y Aspectos que requieren mayor Análisis para su Comprensión

En el texto el autor enfatiza la necesidad de la tecnología, refiriéndose a la toma de control en el uso de los ordenadores, para la búsqueda de información, jugando un papel importante en el ámbito social.

Justificación, Vinculación y Aportes

Una de las afirmaciones más importantes del texto, es plantear que no sólo en la Red, sino en sus múltiples formas de intercambio e interacción, se alcanza la repercusión en la sociedad que raramente proviene de una estrategia concertada, manipulada por un centro, puesto que, sus campañas de mayor éxito, sus iniciativas más llamativas, suelen resultar de turbulencias en la red interactiva de comunicación de múltiples capas, como en la producción de una cultura verde por parte de un foro universal en el que se unen las experiencias de conservar la naturaleza y sobrevivir al capitalismo al mismo tiempo. En este sentido, la tecnología en el hoy por hoy, es el medio que promueve la competitividad en las sociedades, apresurando los procesos y facilitando la mayor cantidad de conocimientos, permitiendo que el individuo sea capaz de responder a todos estos avances.

Desde la premisa anterior, Castells (1997) refiere que: "Como nuestra visión histórica está tan acostumbrada a los batallones ordenados, las banderas al viento y las proclamas de cambio social que siguen un guión, nos sentimos perdidos cuando nos enfrentamos a la sutil penetración de los cambios increméntales de símbolos procesados a través de redes multiformes, fuera de las sedes del poder. En estos callejones traseros de la sociedad, ya sea en redes electrónicas alternativas o en redes populares de resistencia comunal, es donde he percibido los embriones de una nueva sociedad, labrados en los campos de la historia por el poder de la identidad".(p.402)

COSMOVISIÓN DEL AUTOR CENTRADA EN LA SOCIEDAD INFORMACIONAL O SOCIEDAD DEL CONOCIMIENTO

Por consiguiente, el planteamiento principal del texto, es la entidad centrada en un viaje por las tierras habitadas por los movimientos sociales como una forma de organización e intervención descentralizada, característica de los nuevos movimientos sociales, que refleja y contrarresta la lógica interconectada de dominio de la sociedad informacional.

Ahora bien, sociedad y conocimiento o sociedad del conocimiento, sin duda alguna y a manera de reflexión luego de la lectura del texto, permite la internacionalización del bagaje de información presente en el texto, visto como un viaje por ciertos países vislumbrando puntos claves de su economía, sociedad y cultura para determinar que existe poder en la identidad, y es partir del autorreconocimiento que se alcanza la aceptación de manera lógica de la envergadura de la tecnología para el avance y dinamismo social, de acuerdo con esto, se asume lo planteado por Castells (1997): "El nuevo poder reside en los códigos de información y en las imágenes de representación en torno a los cuales las sociedades organizan sus instituciones y la gente construye sus vidas y decide su conducta. La sede de este poder es la mente de la gente".(p.399)

Entonces, el conocimiento es producto de la sociedad por la interacción constante de individuos y la sociedad requiere del conocimiento como elemento principal y un bien para el uso y manejo de la información, de esta forma, aunque sea reiterativo se infiere lo expresado por Castells (1997) : "Por ello, en la era de la información, el poder es al mismo tiempo identificable y difuso. Sabemos lo que es, pero no podemos hacernos con él porque es una función de una batalla interminable en torno a los códigos culturales de la sociedad. Quien gane la batalla de la mente de la gente gobernará, porque los aparatos rígidos y potentes no serán un rival, en un espacio de tiempo razonable, para las mentes movilizadas en torno al poder de redes alternativas y flexibles. Pero puede que las victorias sean efímeras, ya que la turbulencia de los flujos de información mantendrá a los códigos en un torbellino constante".(p.401)

Por esta razón, la importancia de la identidad dentro de la sociedad del conocimiento genera en la estructura de poder en cambio constante, porque construyen intereses, valores y proyectos en torno a la experiencia y se niegan a disolverse, estableciendo una conexión específica entre naturaleza, historia, geografía y cultura. Las identidades fijan el poder en algunas zonas de la estructura social y desde allí organizan su resistencia o sus ofensivas en la lucha informacional sobre los códigos culturales que construyen la conducta y, de este modo, las nuevas instituciones.(Castells,1997:p.399)

Desde esta perspectiva, toda lectura tiene un punto de búsqueda que implica tomar en cuenta ciertos aspectos y elementos para el procesamiento de la información, ahora bien, de acuerdo a lecturas el proceso de fichaje desde el arqueo bibliográfico garantiza el almacenamiento de ideas y acumular datos que pueden ser útiles a posteriori, por tales motivos, se asume la postura de Hochman y Montero (2005) quienes refieren que: "la técnica del fichaje permite el almacenamiento de datos y se rige por principios específicos de acuerdo al tipo de fichas". (p.23)

REFERENCIAS BIBLIOGRÁFICAS

Castells, M. (1997). La Era de la Información Vol. 2: Economía, Sociedad y Cultura, El Poder De La Identidad. Siglo XXI Editores, Argentina S.A. Impreso en México.